मनोहर ZINDAGI HAI

A Collection of Multi Lingual Poems
by

Manohar Dasumal Dubey

BookMyStory®

Zindagi Manohar Hai

Published in 2025
© Published by

BookMyStory®

It's time you tell your story

BookMyStory
Thane, 400615, India
info@bookmystorypublishing.com
www.bookmystorypublishing.com

ISBN: 978-93-49509-08-5

Preface

To....
The Sweetest relation on the planet....

बाप-बेटी / माँ-बेटी

दुनिया का सबसे हसीनतर, प्यारा और मुक़द्दस रिश्ता है : बेटी!
हमारी सभी प्यारी, न्यारी, दुलारी, बेटियों और सुपर बेटियों को समर्पित।

-बेटी-

बेटी वो होती है, जो हमारे घर जनम ले, हमारे दिल का टुकड़ा बन, साथ बड़ी हो, और शादी करके दूसरे घर चली जाए...

-सुपर-बेटी-

"सुपर-बेटी" वो होती है, जो पैदा हुई तो दूसरे घर होती है, पर मेरे बेटे से ब्याह कर आई है, अब कभी भी वापस नहीं जाएगी।

दोनों की कदर करो, दोनो की इज्जत करो, दोनो को दिल से चाहो, दिल खोल के प्यार करो।

मेरी प्यारी बिटिया,
एक तुम पर ही रचता-बसता,
मेरा सारा कवित्व है ...!!
मेरे लिखे हर शब्द में बस
तुम्हारा ही अस्तित्व है !!

Foreword

It's a divine gift when you are able to put your thoughts in a special form, a poem or a she'r.

Manohar Dubey ji is the favoured one of the Almighty to express his feelings so beautifully.

And now compiling the same in a book : 'Zindagi Manohar Hai.'.

This is indeed dedicated to Nisha ji and his lovely daughters.

Many, many congratulations to him and wishing him the best in his journey as a poet.

Love and regards.
: Meenakshi and Ghansham Vaswani.

Messages / Wishes

This book he's writing is not just a collection of poems, it's a piece of his heart, poured gently onto every page in the form of love, life, and laughter.

My Bade papa is one of those rare souls who lights up every room he walks into. His presence is joy itself; warm, vibrant, and full of kindness. He has an extraordinary gift, he knows how to weave relationships with grace, sincerity and care. No one who has ever met him, even once, can forget him. His energy lingers, his words stay with you, and his kindness leaves a permanent imprint on your heart.

He doesn't just write poetry, he lives it. Every verse he pens is a reflection of the beauty he sees in the world and the endless love he carries within. He has written entire books of poems just for me, without any occasion, just because his heart overflows with love and affection. And now, this book on life is his gift to the world. A compilation of all the love, wisdom, and warmth he so effortlessly shares with everyone around him.

This book is also a beautiful dedication to my Badi Mummy, his beloved wife. In many ways, it is a tribute to the life she lived, the love they shared, and the warmth with which she touched all our lives. This book stands not just as a gift to the world, but as an enduring celebration of her memory.

This is not just poetry.... It's him, in every line, because "hamari Zindagi sach me Manohar hai" !

: Proud Beti Prerana

My Dearest Chachu,

The whole world knows how much you've always loved me like your own daughter. And today, as "Zindagi Manohar Hai" comes to life, I feel that love stretching across oceans, holding us close even though I'm far away.

Some love stories never end—they just find new ways to be heard. Every page of this book breathes with your love for Chachi, with the quiet ache of her absence and the loud beauty of the life you both shared.

You've always been our anchor—the one who feels deeply, loves unconditionally, and shows up with your whole heart. Watching you turn your grief into poetry, your love into legacy, has moved me more than words can say. This book isn't just ink on paper—it's your soul, your memories, your promise to her that her story lives on.

Chachi would be smiling that soft, knowing smile of hers, the one that always made everything feel warm. I know she's here in every word, every breath between the lines.

Though I won't be there to hold your hand as you launch your first book, please know I am with you—in spirit, in pride, in love.

Thank you for being the light you are—to me, and to Deepak and to your grandkids Sharan and Risha and everyone lucky enough to know you.

With all the love my heart can hold
: Priya

Dear Chacha,

Warmest greetings from across the ocean. Though miles separate us, today my heart is right there with you, brimming with pride and emotion as you launch your book of poems — a tribute so deeply personal and beautiful.

It's both moving and inspiring to see how you've transformed your grief into grace, your memories into verses, and your pain into something so profoundly healing.

Your book is more than poetry — it is a conversation with her spirit, an act of love that doesn't end with loss. Through every stanza, I feel chachi's warmth, her laughter, her quiet strength...

I wish I could be there in person to see your eyes light up as you read your favorite lines. But know this, Chacha — from here in the U.S., I'm applauding with all my heart, holding back tears, and celebrating the love that lives on in your words.

Thank you for sharing her with the world once more. She must be smiling today — proud, as always, of the poet you are and the man she so dearly loved.

With all my love and admiration and feeling proud about you.

: Shalu and Pradeep

Our dearest Chachu,

Your words have always carried warmth, wisdom, and wonder — just like you. Through your poetry, you don't just write verses, you share pieces of your heart.

To us, you're more than family — you're like a father. A source of unconditional love, laughter, and strength. Your caring nature, your thoughtful gestures, and the way you lovingly call Sheetal "Super Beti" will always hold a special place in our hearts.

As we celebrate the launch of your beautiful book, we feel the presence of our beloved Chachi — to whom this book is so lovingly dedicated. Though she is no longer with us, her grace, warmth, and quiet strength shine through every word you've written. Her memory lives on in all of us.

We are so proud of you and honored to witness this journey of yours as a poet. May your words continue to touch lives, as you have touched ours — and so many others too.

With love, admiration, and the tightest hugs from Kanika and Kiyansh — who absolutely adore their Dadu— we wish you immense joy and success on your book launch and always.

We love you so much,
: Sheetal, Vivek (Vicky), Kanika & Kiyansh

Chachi was a beacon of warmth and joy, always wearing a smile that made everyone feel at home. She had a rare gift of noticing the little things — a new haircut, a change in mood, or even the smallest detail like not wearing a nail paint

She never missed a birthday or anniversary, always making us feel loved and remembered. Her kindness left a lasting mark on our hearts, and her presence will be deeply missed.

Congratulations, Chachu, on the release of your poetry book
: "Zindagi Manohar Hai" - It indeed is !!!

Your words have always had a special magic and I'm so proud to see them come together in this beautiful collection.

Can't wait to dive into your verses

: ShwetAlkesh

Dear Choti Nani,

You were the cutest soul we' ve ever known — always smiling, always glowing,
You were joy in human form, we miss you but your love lives on in our heart forever....

With all our love,
: Dhairya n Veer

"Zindagi Manohar Hai" is a tribute not only to Chachu's poetic soul but also to the enduring love he shared with Chachi. On her first birthday from her new abode, this book becomes a celebration of her memory and the beauty she brought into his life — through every word, every verse, and every silent pause between them.

"Zindagi Manohar Hai" — a love so true,
Chachi lives on, in each word from you Chachu.

Lots of love
: Deara, Deepak and Trishala

It brings me great joy to witness the birth of this long awaited, beautiful collection of poems, each one reflection of Manohar's heart, mind and unique thoughts.

As the name itself suggest - Mann ko jeetne wala. His words carry depth, warmth and truth, capturing emotions that many feel, but few can express so eloquently.

This book is not just a compilation of verses, it's a journey of thoughts, memories and dreams. I am proud to see his talent and passion come to life on these pages, and I have no doubt his poetry will touch many a heart.

Congratulations on this wonderful accomplishment.

With admiration and respect
: Bhavana Dubey

Your love has been the reason behind so many happy and meaningful moments in people's lives.

"Zindagi Manohar Hai" - life is truly beautiful, because of the strength, kindness, and warmth you've given to the world.

Your words reflect the wisdom you've lived by, and Mommy's endless care shines through in every inspiring message.

Together, you both make life more beautiful.

Thank you for always being there for me and for being the biggest blessing in my life.

Papa, as you share Zindagi Manohar Hai with the world, I want you to know how proud I am of you - not just for writing the book, but for the wonderful life you've lived & continue to do so.

Best wishes as your book enters the world.

: Jyoti

Congratulations to Manohar on publishing "Zindagi Manohar Hai", a beautiful collection of poems which he has crafted over the years.

Not only is he a talented poet, but he's also an exceptional singer and a genuinely helpful person. I'm so proud of his accomplishments and excited for his future!

Keep it going buddy.
: Krishnan Iyer

मामू जान के लिए...

इस कवि के बारे में क्या लिखें,
अपनी कलम से करते हैं किल,
शब्दों की सुंदर रचना से,
परोसते हैं अपना दिल।

दिल का दरिया, प्यार का सागर
सितारों से छलका आभ है,
निशा है क्या, मनोहर का सुनहरा ख्वाब है॥

ये कविताएं, शब्दों से भरा सरोवर है,
जिंदगी तो मनोहर है, मनोहर है।

: युक्ता नारंग

सोच, विचार और जज़्बात तो हरेक के अंदर होते हैं, चलते रहते हैं, पर उनका इज़हार करना या उनको लिख कर दुनिया के सामने रखना, उतना आसान नहीं होता। क्या काम को करने के लिए निपुणता का होना आवश्यक है।

मुझे खुशी हुई जब मेरे छोटे भाई ने कहा कि उसने कुछ कविताएं लिखी हैं, जिन्हे वह अपनी स्वर्गीय पत्नी निशा को समर्पित कर रहा है, तो मैं ईश्वर से यही प्रार्थना करता हूं के छोटे भाई मनु को इस काम में सफलता मिले और ज्यादा से ज्यादा लोग इन रचनाओँ को पढ़ सकें और उसकी भावनाओं की कदर करें।

मेरी शुभकामनाएँ हमेशा तुम्हारे साथ हैं, मेरे भाई।
: परेश

भाई, मनोहर दुबे की पहली किताब "जिंदगी मनोहर है" आने की खुशी हो रही है, वो भी डबल खुशी क्योंकि मुझे लग रहा था कि मेरे बाद कोई इस परंपरा को आगे बढ़ाएगा या नहीं। हम दोनों का जन्म जूनागढ़ में हुआ और साथ में बड़े हुए हैं और मैं मनोहर को देखता था कि वो एक सयाना, समझदार व्यापारी और मिलनसार स्वभाव का मालिक हैं।

हमारे पिताजी, चाचाजी किसी न किसी रूप में कला प्रेमी रहे हैं और खास करके चाचा लक्ष्मण दुबे की 20/22 किताबें प्रकाशित हुईं - जिनसे "कोई घर में ढूंढे घर" को राष्ट्रपति पुरस्कार भी प्राप्त हुआ।

मैं श्रीचंद दुबे भी जूनागढ़ से आज तक 9 किताबें प्रकाशित कर चूका हूं और अब शम्मा-ए-महफ़िल थाम ली है भाई मनोहर ने, जो अच्छा गाते हैं, लिखते भी रहे हैं और खास कर अपनी पत्नी (हमारी भाभी) निशा को खोने के बाद अपनी रचनाओं को उनकी याद में दुनिया के सामने प्रस्तुत कर रहे हैं। कहीं से कोई तालीम न होने के बावज़ूद गायकी और लिखावत में जो गहराई और सच्चाई है वो झलकती है और काबिल-ए-तारीफ है।

हम सब की तरफ से निशा भाभी को नमस्कार और भाई मनोहर को शुभकामनाएं। ये किताब अच्छे से स्वीकार हो, और आगे भी अच्छी किताबें आती रहें ऐसी उम्मीद।

: श्रीचंद दुबे (जूनागढ़)

Having known Manu Bhaiya for now 33 years, can vouch, he stands testimony to what " A Good Friend, Guide should be"
Once he is attached to you, he is always there for you, what ever be the ask or situation.

He is an amazing writer along with his melodious voice and has charmed me with his poetic writings for all occasions. And what surprises me is his spontaneity which is so natural to him and comes " Dil Se"
His Love for his daughters and friends along with his family, I am sure will be reflected in this collection.

I am delighted to finally see his collection come to life with this book for a wider audience to get a peek into his emotions and I am sure this is just the beginning with many more to come

Wishing Him Good Luck with his one more Endeavour

Always with You, Love.

: Mahesh

Dear Manu,

We, the St. Johns 1974 Batch friends like you so much, the way you are.

We should not change ourself so that others will like us,
We will be ourself so that right people love us.

Manu – My friend is a Real Human, who can understand your joy or sadness from your voice. No one should lose a friend like Manu because "You cannot love everyone" or "You cannot have faith in everyone".

: Vijay Prakash Gavli

Manohar stands beneath the softened light,
A song for her, each silent night.
Though Nisha's absent, he sings her name
In every verse, she lives the same.

His poems bloom where sorrow stays,
A quiet love that never frays.
The stage, his shrine, the mic, his flame
Each word a breath that calls her name.

Manohar writes not only with ink,
but with the weight of silence left by Nisha's absence
and the warmth of her memory that still lingers
in his voice, on every stage, and between every line.

Nisha was not just his muse;
she was the night that held his light.
And through these poems,
she lives—quietly, beautifully, always.

As a friend, we have watched him carry his grief
not as a burden, but as a flame.
May his songs and poems light your way, as they did his.

Good wishes for the Book
"Zindagi Manohar hai " !

: Veena Narender

Jijaji,

You are such a positive influence in our lives. Your presence has been a true blessing.

Always so helpful and willing to lend a hand. Your contributions to our family are invaluable.

Thank you for always being with us. You are Truly our inspiration and more than that Thank you for just being You.

Wishing you the very best on your exciting writing journey !

Love
: Jeetu / Pritika

NISHA BHABHI...

Manu, a gleaming ray of pure friendship of 51 years!
Manu, an ocean of love!

Manu wraps himself around friends, enveloping with affection.
Manu can even smother with spontaneous fondness...

Manu's Book : "Zindagi Manohar hai" which is a collection of poems dedicated to his bride Nisha, is a soothing flow of his reaching out to the Love of his Life...

For Manu's debut publication, my best wishes...
For Nisha Bhabhi, my sacred tributes...
For Manu and each one of his loved ones, my good thoughts, always...

: Haresh Gajwani

To the LEO Man who is bold,charismatic and warm hearted. Someone who shines with remarkable strength and has a heart of gold. You indeed are a special person we are blessed to have.

You lead with courage, protect with loyalty and love with a generous passionate spirit. Your fire ignites motivational spirit in others.

A person who will never shy away from responsibility or challenge but face both with admirable grace and determination.
Thank you to a special person who loves to make everyone feel so special!!

Proud of you always our dearest Jijaji !
Congratulations and Kudos for your upcoming book of poems....your personal thoughts. We look forward to have it.

Best Wishes for this and many more.

Keep Writing. Keep Loving..
: Jaya (Bablee)

"Zindagi Manohar hai"....such an apt name for an ode from Manu Jijaji to Nisha aka 'Chhoti',as I addressed her!

Two of my favourite humans ....warm, caring, compassionate and loving! They always made me feel so loved and Special. It is hard to accept that Chhoti is no more among us....but she lives on.....in our sweet memories....and now,in this book,which is a celebration of love and life.

Love you both -Manu Jijaji and Nisha!
Honoured and blessed to have you in my life!

: Kavita (Ritu) Ratnani

Our Dear Manu..

Our friendship has been forever. We have seen you blossom in the field of music since our college days and now the joys you give us with your written words, your poetry, is something we look forward to all the time.

Your words reflect your inner self. Just as your large heart is always filled with love..so is your poetry.
Just as you draw us to you with your deep compassion and love, so was your love reflected in your beautiful life with Nisha.

We both wish you the very best in life! May your joyous words reach everyone through your first book..and hoping that many more will follow!

With love & warmest wishes
: Prads & Chakori

Dear Manu uncle ..

When we started to write some words for your entry in the literary world of poems, we felt a bit nostalgic, as it's been a long journey of having known you n bhabhi.

Having seen you being so passionate abt every aspect of life n to live it to its fullest is truly inspirational.

Wishing you the best on this emotional book that you have dedicated to bhabhi.

Truly a befitting way to keep her memories alive.

Best wishes
: Sonali n Balveer.

Those who know Manohar (Manu), knew and loved Nisha Bhabhi, knew their love for each other, family and extended family.

Nisha Bhabhi was ever grateful, patient, and never overwhelmed by challenges of life.

My dear friend, Manu, publishing a book - a collection of poems pouring out his love for life, his daughters and of course, Nisha Bhabhi. Inside these pages lies a collection of whispers, echoes of a life that touched not only both of them, but all of us, with a profound and gentle grace.

"Zindagi Manohar hai" is not just a title; it is the very essence of how Nisha Bhabhi lived and how she remains in Manohar's and our hearts.

These poems, penned in remembrance, capturing the light she brought into the world and the indelible mark she left behind. They are a testament to the love she shared, the joy she inspired, and the beauty she embodied. The book is just one example of the power of this love.

For families and friends of Manu & Nisha Bhabhi, this book is offered as a space for reflection, a shared solace in our grief, and a celebration of a life that was rich with love.

May these words offer comfort, stir cherished memories, and remind us that even in loss, love endures. Indeed "Zindagi Manohar hai".

With heartfelt sincerity.
: Kishor Sabhani

The journey of our life is a river of memories. Gambolling in our infancy, frisky in our youth, steady in our prime & measured now. During the course, we amass many relationships, friends, acquaintances & otherwise.

There are only some that we cherish & nurture. My friendship with Manu is one such bond.

My first memories of Manu is the cricket ground in our colony. Every Sunday morning was a mad dash to go down to enjoy the laughter & companionship that underarm cricket provides to space starved youngsters in Mumbai. Manu & me were also inclined to the arts, publishing magazines in our society. He stayed one floor above me, but little did I know about his singing talent then.

Over the course of years we lost track and it is only because of his diligent efforts along with another classmate that our school group was created. At this stage of our lives we now are seeing his people skills. He is remarkable in his positivity, in his outreach to all us jaded senior citizens, prodding us to meet more often, laugh more often & go on outings more frequently.

The book of poems that he is dedicating to Nisha, is a testimony of his love for her. This embellishment of Nisha is what embodies Manu.
May this book enhance the love, happiness & memories of their time together.

: Deepak Achuthan

Dear Manohar Uncle,

Some relationships are not defined by titles but by the depth of love and understanding they carry. Ours is one such bond rooted in heart. You have been my guide, my strength, and my quiet supporter in more ways than I can ever put into words.

"Zindagi मनोहर hai" is not just a book, it is your soul inked with memories, echoing the laughter, tears, and timeless love you shared with Nisha Aunty. Her absence is deeply felt, yet through your poems, she comes alive -radiant, graceful, and ever-present.

She was not just your companion but your muse and, in many ways, mine too. Her kindness, her smile, her unwavering spirit they stay with me. In you, I continue to see the reflection of both her love and her legacy.

Uncle, I want you to know that I love you deeply from the purest, most honest part of my heart. Being called your daughter has been one of the most cherished gifts of my life. Your love has never needed to be explained; it has simply existed - steady, unconditional, and full of quiet strength.

In your presence, I feel safe, valued, and completely understood. Our bond goes beyond names or roles it's woven from shared laughter and a deep emotional knowing that words often fail to capture. I carry this love and connection with immense pride, always.

I have learned so much just by being close to you; about kindness, grace, and how to live with compassion. And no matter where life takes us, this bond, this love, will always be one of the most precious parts of who I am. Thank you for allowing me to walk beside you in this journey of creation. I am so proud of you and so honored to be part of something so deeply personal and incredibly beautiful.

With endless love,
: Karishma

Dear Manu Uncle,

कहां से लाते हैं प्यार इतना...
मम्मी पापा करते हैं बच्चों को जितना...
बेटी हो तुम मेरी, हमेशा कहते हैं....
जब भी मिलते हैं बस, दिल से Blessings देते हैं...
कहां से लाते हैं अंकल प्यार इतना...
कभी ना ख़तम हो चाहे जितना....

Love You Uncle
God Bless You !

and

I am sure just like you, this book will also spread love & happiness all around.

May this book bring abundance of joy & fulfillment to you..!!

Bestest wishes & more love to our dearest Manu Uncle..!

: Janvi Kursija

I am fortunate to have a friend like Manohar (or Manu),

Passionate about two things.:

Music ...... Numero Uno ...

and bringing people around him together. Be it Relatives, be it Friends ... He is like Fevicol.... Binds everyone with a "Majboot Jod"!

Now, through WA, I came to know about his additional talent....Penning Poems... Full of Love...

I think this creativity has given Manu courage to handle the recent loss in his life
and the best way is to dedicate his collection of Poems to his beloved wife Nisha!

Manu, we are proud of you and am sure that in due course, this book will be followed by many more!
We love you. Manu !

: Dr. Mahesh Barve

For every whispered word you've penned,
A truth revealed, a soul to mend.
In quiet ink your thoughts take flight,
And dance like stars in velvet night.

To you, whose heart these pages bear,
Whose voice brings stillness to the air—
May every verse you dared to write
Be met with love and inner light.

This book, a gift the world now sees,
A friend's bold dream on drifting breeze.
To you, dear poet, fierce and true,
This is the world's applause for you.

Dearest Manubhai,

Congratulations and our best wishes for your debut book of poetry!
A Dedication to Nisha Bhabhi ji !

Love from
: Sangeeta * Tarun & Supriya * Sharran

My dear friend Manu,

We have been friends for last 44 years and have faced many ups and downs and faced it together.

You have always been there when I needed you the most and stood behind me as a rock. I will never forget the times when you supported me to take some important decision and I would not have been able to achieve it .

You are not just the best friend but part of the family & Thanks is a very small word to show my gratefulness for our amazing friendship.

I am also grateful for the memories we have made and the ones we are yet to make.

Wishing you the Best for your debut book, which I am sure will be appreciated and accepted.

: Kishore Bhatia

What can I say about the warmest and most caring couple I have known, that hasn't been said before?

I have known Nisha and Manu for almost 5 decades now. He with his soulful voice and Nishu with her unconditional love and affection, have always been an integral part of any gathering of our Xaviers college.

Of course, We miss Nisha's physical presence, but listening to Manu's rendition of romantic songs Nisha will always be there for us!
Love you both, guys!!

And Manu Dear, Big Congratulations and Best Wishes for Book of Poems, aptly titled... "Zindagi Manohar hai" !

: MAYA

The Sindhi Council of India, Thane Chapter proudly congratulates Shri Manohar Dubey, a valued and dynamic member of our community, on the launch of his heartfelt and inspiring book.

This literary work, dedicated to his beloved wife Smt. Nisha Dubey, is a touching tribute to love, partnership, and enduring devotion. Manohar ji's passion, sincerity, and deep emotional connection shine through every word — reflecting not only his poems but also his unwavering commitment to values we all hold dear.

We are honored to celebrate this milestone with him and wish him continued success in all his creative and community endeavors.

With warm regards and best wishes,

: Sindhi Council of India, Thane Chapter.

Dear Naadu,

First of all many many congratulations on your latest achievement. It was a delight to know about your book.

You inspire us to grow and enrich ourselves at every stage of our life.

We are very grateful to have a muse like you in our family who very instinctively makes everyone feel special by writing the most affectionate and sweetest messages. You are a true beacon of compassion.

May that Love, spark and enthusiasm always remain alive and you continue growing, loving and inspiring.

Your Darling Bachchas
: Yashi and Vihana

Dear Dubeyji,

वक्त से दोस्ताना तो हम सब निभाते है, जिंदगी भर.....
लेकीन, वक्त तो बदलता रहता है, जिंदगी में, कदम-कदम पर.....
लोगों की दोस्ती भी बदलती है, कदम-कदम पर...

ईश्वर ने एक दिन मिलवा ही दिया मुझे,
एक ऐसे अनमोल दोस्तसे,
कि, मेरा,वक्त तो बदलता रहा, कदम- कदम पर.
लेकीन, दुबेजी,
अपनी दोस्ती का रंग, गहरा होता गया, कदम-कदम पर....

फ़िर समझ में आया मुझे,
सबको हर चीज बदलती अच्छी लगती है,
लेकिन दोस्त हमेशा पुराने ही अच्छे होते है...
क्यूंकि, ऐसी दोस्ती में ना कोई "रूल" है,
ना ये कुछ सीखने - सिखाने का "स्कूल" है..
ना इस दोस्ती की,
कुछ "कीमत" देनी पडती है....
हमें हर दुख में, हर मुश्किल में,
सहारा देती है, यही आपकी-हमारी, सच्ची दोस्ती...

अब तो ये दोस्ताना बढता रहेगा,
चाहे कितना भी, रंग बदले ये वक्त, ये मौसम,
मनोहर जी, अपना ये याराना सदा बना रहेगा,
यूंही बना रहेगा ॥

: सुभाष घोसालकर

Dear Papa,

Heartiest Congratulations to you on achieving a new milestone in your life. "Zindagi Manohar Hai" !

You are indeed the pillar of the family, a person who binds the family into one. We are truly blessed to have a loving person like you in our family.

As we were equally blessed on having shared so many memorable years with Mummy. A person with an elephant's memory who took care of each and every member of the family and never forgot to wish everyone on birthdays and Anniversaries.

Thank you for giving such beautiful moments to all of us.

Your Loving
: Gaurav and Sonia

A sharing of Wonderment!!!
A flow of love and emotions is how I have always known Manu Chachu!

"Zindagi Manohar Hai" is an expression of the depth he holds within and the connect he achieves with all around him. It is an outcome of his effortless flow and play with words.

I feel each one of these poems has endless stories to say. Each poem leaves one soaked with an experience.

Wishing each one of you with numerous exhilarating experiences with "Zindagi Manohar hai."

Happy reading !

With Love
: Varsha Pherwani

कविताएँ

आराम, शांति, हंसी, मोहब्बत मुस्कुराती हैं,
चैन, चमक, सुकून, प्रीत खिलखिलाती हैं।
ये फ़हरिस्त है उन चीज़ों की,
जो तुम्हारी याद के साथ आती है,
ज़हन को भाती है, दिल को गुद-गुदाती है।
एक बस तुम्हारी याद ही से आत्मा तृप्त हो जाती है।

रोज़ तुमको एक चिट्ठी लिखता रहा,
चिट्ठी में अपना प्यार, आशीर्वाद बिखेरता रहा।

चिट्ठी तो मैंने कभी भेजी नहीं,
पर शुक्र है मेरा सारा प्यार,
मेरा आशीर्वाद तुम तक पहुँचता रहा
और
अपना कमाल दिखाता रहा॥

ख़ुश रहो, ख़ुश हाल रहो।
प्यार पाते रहो, प्यार बांटते रहो॥

मेरा हाथ बहुत दृढ़ता से पकड़ते हुए,
मेरी हथेलियों को बड़े प्यार से सहलाते हुए,
अपना सर मेरे पास कंधे तक लाते हुए,
मेरे हर एक सवाल को बहुत ध्यान से सुनते हुए,
मेरी परेशानिओं, मेरे छोटे - छोटे डर को
बड़ी मासूमियत से मिटाते हुए,
फ़िर मेरे माथे को कोमलता से सहलाते हुए,
मुझे थपकी थपकी सुलाते हुए।

कल रात मैंने देखा, मेरी परी बेटी को,
बड़ी काबलियत से - "मेरी माँ बन जाते हुए" !
"मेरी बेटी को, मेरी माँ बन जाते हुए" !

श्रेष्ठ भी तुम, ख़ास भी तुम,
मन की भावनाओं का एहसास भी तुम।

फासलों से कौन से रिश्ते नापे जाते हैं,
जरा आंख मींच लीं, मेरे आस-पास हो तुम।

मुझे खुशियां ढूंढने की क्या ज़रूरत,
मेरी हर प्यारी अनुभूति का आभास हो तुम।

मंदिर, मस्जिद, गुरुद्वारे जानेवालों को नमन,
मेरे लिए तो मेरी पूजा-अर्चना, दुआ-अरदास हो तुम।

"बेटियां सब के नसीब में कहां होती हैं,
घर जो खुदा को पसंद आये, वहां होती हैं।"

खुशनसीब हूं मैं, कि मेरा घर खुदा को पसंद आया,
और मैंने उसका ये नायाब आशीर्वाद पाया।

प्यारी सी बेटियों से, दुलारी सी सुपर बेटियों से,
मेरा घर आँगन सजाया, मेरी आत्मा को महकाया.

रिश्तों से दूर कैसे रहते हैं लोग,
रिश्तों के बगैर, क्यूँ रहते हैं,
यहाँ तो याद से ही आँख भर आती है,
ज़रा सी बात, बे-बात पे
रूठ कर दूर कैसे रहते हैं लोग।

प्यार ही सांसें हैं, सांसें ही जीवन,.
सांसो के बगैर कैसे रहते हैं लोग।

तुम्हें लिखने की क्या बिसात मेरी,
तुम्हें तो खुदा ने ही इतना प्यारा लिखा है।
तलाश रहा हूँ वो शब्द
जो तुम्हें सही से वर्णित कर सके,
हसीन मुस्कान के बारे में कुछ कहे,
तुम्हारी मधुरता और करुणा के भावना में बहे,
जो तुम्हारे इक इक भाव को सही से चित्रित कर सके।

पर.....
शब्द ऐसे बने ही कहां, किसी वर्णमाला में,
जो तुम्हारे चित, मन, मधुरता को बयान कर सके...
तुम तो ऊपरवाले की नायाब नेमत हो,
तुम्हें कोई कैसे लिख सके।

मैं, तुम और ये रात!

ये रात...
कहती है मेरे कानों में,
चुपके से तेरी हर बात!

अभी तो आए थे, अभी चल दिए,
क्यूँ बदल गए हालात।

तुम थे तो सुहाना समां था, मौसम जवां था,
छू रहे जज्बात।

वही दर हैं, वही दरीचे,
खिलते फूलों के वही बगीचे,
बस तुम नहीं हो साथ!

तुमसे ही दिन था, तुम से ही थी रात,
तुम बिन तन्हा हर लम्हा,
तुम बिन वीरां हर बात ॥

सोचा....
स्नेह लिखूं, प्रेम लिखूं या प्यार लिखूं,
प्रीत लिखूं, जीवन नैया की पतवार लिखूं।

हवा कहूँ, पवन कहूँ के ठंडी बयार कहूँ,
रंग कहूँ, खुशबू कहूँ या बादे बहार कहूँ।

चमक बोलूं, धनक या शफक, आभार बोलूं,
तुझे अपने जीवन का आधार बोलूँ।

क्या कहूं, क्युँ बोलूं, कितना लिखूं,
क्यों इतने शब्दों का अंबार लिखूं।
एक ही साथ मन की सारी भावनाएँ उंडेल दूँ ,
अपने पूरे प्यार को समेट लूं,
अच्छा है, काफी है बस दो शब्दो में
"प्यारी बेटी" लिख दूं !!

मेरी परी - बेटी

...जब फूल ज्यादा खिल जाएं,
...जब बाग खुशबू से महक जाए,
...जब हवा इठला के लहराए,
...जब संगीत मधुर सुर में गाए,
....जब पंछी ऊंचे उड़ते जाएं,
...जब सूरज ठंडक पहुंचाए,
....जब चांद मासूम, रोशन रस बरसाए,
....जब सितारे थोड़ा और टिमटिमाएँ।
....जब आसमान से खुशियों के रंग बरसे...

समझ लो मेरी परी - बेटी निकली है घर से।

गरीब खिलोनेवाले ने जब एक गुड़िया मुफ्त में मेरी गुड़िया को दी,
मैंने उसको पैसे देने की कोशिश की,
तो वो बोला,
इस परी की खुशियों को आप पैसे से कैसे तोल सकते हो,
और साहब इसकी हंसी से ज्यादा आप मुझे क्या दे सकते हो?

उसकी बात सुनके मेरी आँख भर आई,
हमने ख़ुशी की क़ीमत पैसों से लगाई।

उसने वो किया जो हमने अनगिनत पैसे होने के बाद भी नहीं किया,
सच में उस दिन उस गरीब ने मुझे अपनी बड़ी सोच से खरीद लिया।

इतना सुकून जिंदगी में छाया है,
इतना प्यार, आनंद, नूर समाया है,
कुछ तो अच्छे करम जरूर किये होंगे मैने, कि
तुझे, मेरी बेटी, अपनी जिंदगी में पाया है।
क्या थे हम और क्या हमारा जीना था,
और फिर यूं हुआ की तुम आए
और सादा सा जीवन आभूषणित हो गया!

वो थे पापा

जब मम्मी डांट रही होती थीं,
तो जो चुपके से, हंसा रहा था, वो थे पापा...

जब मैं सो रही होती थी, तो जो चुपके से,
सर पर हाथ फिरा रहा था, वो थे पापा...

जब मैं सुबह उठती, तो जो बहुत थकने पर भी,
काम पर जा रहा था, वो थे पापा...

खुद कड़ी धूप में रहकर भी,
जो मुझे ए.सी. में सुलाता था, वो थे पापा...

सपने तो मेरे थे, पर, उन्हें पूरा करने का
रास्ता जो बना रहा था, वो थे पापा...

मैं तो सिर्फ अपनी खुशियों में हंसती हूं
पर मेरी हंसी देख कर जो अपने
सारे गम भुलाये जा रहा था, वो थे पापा...

फ़ल खाने की ज़्यादा ज़रुरत तो उन्हें है, पर, फिर भी,
जो मुझे सेब खिलाये जा रहा था, वो थे पापा...

ख़ुश तो मुझे होना चाहिए कि वो मुझे मिले, पर
मेरे जन्म की खुशियाँ जो मनाए जा रहा था, वो थे पापा...

ये दुनिया पैसे से चलती है, और वो जो,
सिर्फ मेरे लिए ही पैसे कमाए जा रहा था, वो थे पापा...

घर में सब इतना प्यार जताते हैं, पर,
बिना बताए ही जो इतना प्यार किए जा रहा था, वो थे पापा...

पेड तो अपना फ़ल कभी खा नहीं सकता, इसलिए हमें दे देते हैं,
पर जो अपना पेट खाली रख कर
मेरा पेट भरे जा रहा था, वो थे पापा...

विदा तो मैं हो रही थी, पर मुझसे छुप के,
जो मुझसे भी ज्यादा आंसू बहा रहा था, वो थे पापा...

मैं तो कभी बेटी शब्द को, सार्थक कर सकती या नहीं,
पर कोई नि-स्वार्थ, पिता शब्द को सार्थक बनाए जा रहा था, वो थे पापा...

दो हम रदीफ़ ग़ज़लें

तुझे देखकर...

आँखे चमक उठती हैं, होंठ मुस्कुराते हैं,
हर गम भूल जाते हैं, तुझे देखकर...

हवाओ में खुशबू सी महकती है,
दिल गुनगुनाता है प्यार के तराने, तुझे देखकर...

दिल धड़क सा जाता है, तेरे ख़यालो से,
नींदें उड़ जाती हैं, तुझे देखकर...

ख्वाब सजाते रहे ता-उम्र, तेरे प्यार के,
ख्वाबो को तासीर मिल जाती है, तुझे देखकर।

दर्द दवा हो जाते हैं, गम हवा हो जाते हैं,
अल्फ़ाज़ दुवा हो जाते हैं, तुझे देखकर...

दो हम रदीफ़ ग़ज़ले

तेरे आने पर..

दर्द मुस्कुराते हैं अब भी, तेरे आने पर...
हर गम भूल जाते हैं अब भी, तेरे आने पर...

उम्र काट दी लेकिन बचपना नहीं जाता...
हम दिए जलाते हैं अब भी, तेरे आने पर...

नींद उड़ जाती है, तेरी याद आए तो.......
हम ख्वाब सजाते हैं अब भी, तेरे आने पर...

शबनमी सितारों पर फूल खिलने लगते हैं...
हम ख़ुशी मनाते हैं अब भी, तेरे आने पर...

अब भी तेरी आहट पर रात मुस्कुराती है............
सितारे टीम टिमाते हैं अब भी, तेरे आने पर...।

तेरे हिज्र में हम पर इक अजब तारी है..........
हम चौंक चौंक जाते हैं अब भी, तेरे आने पर...

उम्मीद लौट आती है अब भी तन्हाइयों में.......
हम आंसू छुपाते हैं अब भी, तेरे आने पर...!

दादा – पोती

दादा दादी हो या हो नाना नानी,
प्यार और ममता की तो एक ही कहानी,
आँखों में है करुणा, दिलों में दुआएँ,
चले तुम्हारी जिंदगी में,
सुख, शांति, सेहत, समृद्धि और प्यार की हवाएँ।

भगवान जब खुश होता है तो बेटी देता है,
पर जब बहुत खुश हो, तो पोती देता है।
उसकी इस सौगात पे मैं बलिहारी जाऊं,
अब और क्या कहूँ, क्या माँगूँ,
प्यारी सी नन्हीं परी पे मैं वारी जाऊँ।

बहुत पुण्यों का इनाम है तू, मुझे यकीन है,
हम सबों की जान है तू, मुझे यकीन है।
दुनिया भर की सारी खुशियाँ हैं तेरे लिए,
चांदनी, रोशनी, रंग, तरंग सब तुझमें
खुशबू, महक, प्यार मोहब्बत सब तेरे लिए ॥

ध रेवशिंगि रूप ऑफ़ रब

ध रेविशिंग रूप ऑफ़ रब
प्यार, सुख, हंसी, मुस्कान सब,
तुझसे सुंदर आशीर्वाद से हम नवाजा है,
हमारे जीवन को और सुंदर-ओ-सुहाना बनाया है।

कैसे-कैसे ख्वाब देखे थे,
चांदसे, फूल से चेहरे देखे थे,
सच वो एक-एक सपना हो गया,
तुम मिले तो रब ही अपना हो गया।

जिस रब का आशीर्वाद हो तुम,
सदा उसकी नज़र में रहो तुम,
कामयाबी, खुशबू,, शिक्षा, शांति,
ता उम्र प्यार और खुशियाँ पाओ तुम।
इस नन्हीं सी कली की असीम खुशबू से
आपका जीवन महका रहे,
आपके जीवन में,
खुशियों का मेला लगा रहे।

जिंदगी जीने से छुट्टी

जिंदगी से मैंने छुट्टी माँगी है,
और जिंदगी भी कितनी प्यारी है,
उसने कुछ रोज़ के लिए,
छुट्टी दे दी है,
छुट्टी, जिंदगी जीने से।

मजबूरी है, अभी कुछ खास बातों में मसरूफ हूं,
उलझा हूँ कुछ उलझनों में।
जिंदगी तू कहां भागी जा रही है, तुझे भी जी लेंगे,
जानेमन, तू कभी ज़हर ही सही, पर पी लेंगे।

दुःख भरे दिन, परेशानी के पल,
अफ़सोस के आज, कष्ट के कल,
सब गुजर जाने हैं,
वही सुख के क्षण लौट के आने हैं।

नहीं... हम नहीं उदास होने वाले हैं,
ख़ुशियाँ ही खरीदी हैं, सदा सुख ही संभाले हैं,
ऐसी तुच्छ बातों से क्या डरेंगे,
हम मन - मौजी मतवाले हैं।

छुट्टी ख़त्म हो, जल्दी,
छुट्टी ख़त्म हो, जल्दी,
के जिंदगी जीना शुरू करना है.
दिलों में सबके मासूम प्यार भरना है.
एक ही बार जीते हैं सभी,
बस, एक ही बार जीते हैं सभी,
पर वो एक बार "शानदार जीना है" !
"बहुत शानदार जीना है" !!

दिवाली

इत्ती सारी रोशनी लाई,
इत्ती सारी ख़ुशी लाई।
देखो दिवाली आई,
दिवाली आई।

हंसते-मुस्कुराते दीप जलाओ,
जीवन में नई खुशियां लाओ।
चहु ओर ज़िन्दगी जगमगाई.
दिवाली आई, दिवाली आई।

मां लक्ष्मी का हाथ रहे,
सरस्वती का साथ रहे.
माँ भवानी का आशीर्वाद लाई।
दिवाली आई, दिवाली आई।

देखो ये प्यारा सा त्योहार,
दीपों की रोशनी, अपनों का प्यार,
लक्ष्मी जी विराजें सबके द्वार।
करने सबकी भलाई,
दिवाली आई, दिवाली आई।

दियों की रोशनी करे सब अँधेरे दूर,
जीवन में सदा खुशियां हो भरपूर।
सोने और चांदी की बरखा लाई।
दिवाली आई, दिवाली आई।

खुश रहो, खुशियां फैलाओ,
प्यार पाओ, खूब प्यार लुटाओ,
जीवन तो सभी जीते हैं,
जीवन में ज़िन्दगी भर के जीना सिखाओ.
ज़िन्दगी के हर पल में हो दूध मलाई।
दिवाली आई, दिवाली आई।
सबके लिए स्नेह प्यार लाई।
दिवाली आई,
देखो दिवाली आई,
दिवाली आई !

ज़रा और.....

तुम्हारी इक मुस्कुराहट घर तो क्या, जिंदगी रौशन कर देती है....
ज़रा और मुस्कुराया करो.

तुम्हारी इक सांस, दिल के कोने-कोने को कलियों सा महका देती है,
जरा और खिलखिलाया करो.

शर्म-ओ- हया तुम्हारी आँखों को और सुंदर - दिलकश बना देती हैं,
ज़रा और शरमाया करो

तुम्हारी छम छम करती पायल, कानों में संगीत भर देती है,
थोड़ा और खन खनाया करो।

सुर, ताल, सरगम तुमसे गाना सीखते हैं,
हमारी खातिर जरा और गुनगुनाया करो।

है हंसी हमारी 'गर प्यारी तुम्हें, है 'गर मेरी जिंदगी की कुछ फिक्र,
जानेमन कभी भी, हमसे दूर ना जाया करो।

कहाँ से लाऊंगा

अगर तलाश करूं, फिर भी ढूंढ नहीं पाऊंगा,
तुमसा प्यार करनेवाला कहाँ से लाऊंगा।

लाख करो कोशिश मुझे भुलाने की,
हर गम, हर खुशी में याद आऊंगा।

आईने में खुदको जब भी देखोगे,
बनके तुम्हारा अक्स, मैं नज़र आऊंगा।

नींद चाहे आ भी जाए तुमको,
ख्वाबों में आ - आ के सताऊंगा !

रख सको मुक़द्दस मुहब्बत महफ़ूज़ जहां,
अपने दिल - ओ - जिगर में ऐसा ताज बनाऊंगा।

है प्यार से पावन, मोहब्बत से मधुर कोई गीत कहाँ,
'गर सुनो दिल से तो इश्क का वो तराना सुनाऊंगा !

शर्त

शर्त किसी रोज़ ऐसी भी मुझसे वो लगा जाए,
कि वो जीते तो मैं उसका और मैं जीतूं तो वो मेरा हो जाए!

इश्क में काश हो ऐसा मेरा नसीब,
जब भी आँखें खोलूँ, वो नज़र आए।

ख्वाबों में ही होता होगा ऐसा शायद,
मैं बाहें खोलूं और वो आगोश में आ जाए।

सोचता हूं, वो जुल्फें खोले, बादल बरसें,
हंस दे वो खिल - खिला के, और बहार आ जाए !

जाना तो सभी ने है, मेरे मेहबूब, पर,
जैसे तुम गए हो ऐसे भी कोई न जाए।

बहुत मुश्किल है ऐसे जीना "मेरे मनु'"
ना होकर भी ज़ेहन ओ ज़मीर पर वही छाए॥

वक्त से आगे

वक्त से आगे चलने वालों में आपका भी शुमार है,
आप हैं, तो बहुतों के मन में खुशियों की बहार है।

मीठी मुस्कान आपकी कितने जीवन संवारती है,
आपकी मुस्कान ही कितनों का सजीला संसार है।

चाँद चमकता है शान से आसमां में, तारों के बीच,
ज़मीन पे तो, आपसे ही रोशनी का संचार है।

आप खुशबू, आप रोशनी, आप सर्दी की ठंडी धूप,
आप से घर का गुलिस्तां महके, आपसे ही दिलकश बयार है।

आपको जी भर के देखने को दिल चाहता है,
आपकी मासूम मोहब्बत से ही तो हमें प्यार है !
हमें प्यार है !
हाँ, हमें बेहद प्यार है !!

होली

आओ अबके होली खेलें प्रीत के गुलाल से,
सबकी खुशियों की अर्ज़ी कर दे नन्दलाल से।
सुर मिलाएं प्रेम - प्यार के सुर से ,
ताल मिलाएं हर दिल की ताल से।

गीत लिखें सब्र-ओ-सुकून के,
सच्ची मोहोब्बत के जूनून के,
दुःख-दर्द को मिटा दें जीवन से,
मीठे महोब्बत के इस्तक़बाल से।

पीड़ा, कष्ट, व्यथा, वेदना,
तो हैं हर जीव की संवेदना,
आएं इनसे निज़ाद पा लें
प्रार्थना कर के बाल - गोपाल से।

खुशियां खिलखिला रही हैं,
मुस्कान मुस्कुरा रही है,
ढेर सारी दुआएं पाई हैं,
मोहब्बत के माया - जाल से।

आप जो चाहें वो सब मिले,
प्रीत प्यार के सारे दीप जलें,
खुशियों का ये सिलसिला चलता चले,
होली के रंगों की मशाल से॥

हर हर शम्भू ...

सपने करें सच, सारे के सारे,
शम्भू,
सुखो के भर दे भंडारे,
शम्भू,
दुखों को कर दे दूर किनारे,
शम्भू,
जिंदगी के सारे काम सँवारे,
शम्भू। हर हर शम्भू॥

खुशियों की खुश्बू उभारे,
शम्भू,
प्रेम - प्यार के बहाएं धारे,
शम्भू,
अपने सारे सुख हैं जिसके सहारे,
शम्भू,
आओ सब मिलके करें उसके जयकारे,
शम्भू, हर हर शम्भू।
हर हर शम्भू॥

आओ ... इक दीप जलाएँ

आओ ... इक दीप जलाएँ,
कुछ तो अन्धेरा हटाएँ,
छोटी सी है ये ज़िन्दगी, क्यों रूठे रहें,
कुछ तुम मनाओ, कुछ हम मनाएं।
आओ ... इक दीप जलाएँ।

आओ ... इक दीप जलाएँ,
उजालों का त्यौहार है,
ये खुशियों का त्यौहार है,
मन से बैर निकाल फेंकें,
ये प्रेम-प्यार, हर्ष-ओ-उल्लास का त्यौहार है।
मिलके ये त्यौहार मनाएं।
आओ ... इक दीप जलाएँ।

आओ ... इक दीप जलाएँ,
दीप प्यारका, दीप मीठी बात का,
दीप अपनों के लिए अपनी जज़्बात का,
अपनापन, साथ- सहकार, मेल-मिलाप,
खुशियों से भरे जीवन का, स्नेह के सौगात का।
एक दूजे पे मोहोब्बत लुटाएं।
आओ ... इक दीप जलाएँ।

आओ ... इक दीप जलाएँ,
बैर और गैर को पटाखों संग जलाकर धुआं कर दें,
दुश्मन को भी गले लगाकर अपना सखा कर दें,
ऐसा दीप के सभी का जीवन रौशन हो उठे,
हर तरफ खुशियां जगमगाएँ।
आओ ... इक दीप जलाएँ।

आओ ... इक दीप जलाएँ॥

शानदार, नसीबदार !

प्यारी बिटिया, प्यारे बच्चे,
आपके लिए कुछ सच्ची बातें,
ये एहसास सच्चे

मेरे प्यारे बच्चे, कितने सुन्दर कैसे शानदार,
और मेरा ये भरा- पूरा प्यारा परिवार,
आप ही बताइये जनाब, मेरे सरकार,
है कोई मुझसा नसीबदार !

हर दिल में जगह बनाई है,
प्यार की हवेलियां सजाई हैं,
ऐ दोस्त, ऐ राही, ऐ सूबेदार,
है कोई मुझसे ज़मीनदार !

सुन्दर बेटी के रूप में ग़ज़ल लिखी है,
प्यारी सी बच्ची के रूप में नज़म कही है,
ऐ दोस्त, ऐ यार, ऐ कलाकार,
है कोई मुझसा गुलूकार !

रो - रो के तुझे हंसाया है,
हंस - हंस कर रिझाया है,
तेरे लिए नाचने-गाने कोभी सदैव तैयार,
है कोई मुझसा आला अदाकार !!

शोर तेरी यादों का....

शोर तेरी यादों का जब बढ़ जाता है,
नींद उड़ जाती है, दिल मचल जाता है।

तेरे आने से तो मिल जाता है दिल को सुकून,
तेरा जाना लेकिन खंजर की तरह खल जाता है।

बड़े प्यार से, कितने सुकून से समझाते हो तुम,
आवारा दिल, तेरी आवाज़ से ही संभल जाता है।

बहती नदी का उछलता, चंचल जल,
सागर से मिलते ही बहल जाता है।

आओ तुम, अपनी सादगी, अपने प्यार के साथ,
हाल कैसा भी हो, तुम्हारे आने से ही बदल जाता है।

अँधेरों का तुम्हारे शहर में क्या काम,
तुम्हारी रोशनी से हर चिराग जल जाता है।

वो बेटी है

रिश्तों की फहरिस्त में सबसे ऊपर है,
जो प्यार जताने में सबसे मुखर है।
वो बेटी है, वो बेटी है।

मासूम, मीठी मुस्कान उसकी सूपर है,
जो घर का जगमगाता झूमर है।
वो बेटी है, वो बेटी है।

जो ज्ञान की गीता, क़ाबलियत का कुरान है,
भाग्य का बाइबिल, परिवार का पावन पुराण है।
वो बेटी है, वो बेटी है।

भोली भावनाओ से भरपुर है,
जो नेक नियत का नूर है,
चमक चांदनी की,
मुस्कान जिसकी मीठी मधुर है।
वो बेटी है, वो बेटी है।

जिसका प्यार सबसे पाक है,
जो हर बात में बेबाक है,
रब ने बनाया जिसे सबसे अनमोल,
जिसको देख हर कोई अवाक है।
वो बेटी है, वो बेटी है।

जिस पर जी भर के प्यार आए,
जिसे देखते ही दिल को करार आए,
जो सबसे नायाब नेमत है खुदा की,
जो सबसे नायाब नेमत है खुदा की,
जिस्की मुस्कान से सारे बागों में बहार आए।
वो बेटी है, वो मेरी बेटी है ॥

मैं तुमसे प्यार करता हूं।

मैं तुमसे प्यार करता हूं।
नहीं...
मैं तुमसे बहुत प्यार करता हूँ।
नहीं...
मैं तुमसे बहुत ज़्यादा प्यार करता हूँ !!!
तो.....?
तो क्या एहसान करता हूं ...!?

तुम मेरी बेटी हो.
मेरी प्यारी बेटी हो.
मेरी सुंदर, प्यारी, बेटी हो।
तो..

प्यार करना,
बहुत प्यार करना,
बहुत ज्यादा प्यार करना
बनता ही है.
है ना......

तुमने ही मेरा जीवन, जीवन बनाया है,
ख़ुशी की दिशा दी, प्यार से सजाया संवारा,
अधूरे जीवन को तुमने ही संपूर्ण बनाया है।

तो....
प्यार करना,
बहुत प्यार करना,
बहुत ज्यादा प्यार करना
बनता ही है...
बिल्कुल बनता है,
यकीनन बनता है।
है ना.....

तो... ये समझ लो... ये मान लो, सदा के लिए
मैं तुमसे बहुत प्यार करता हूँ॥

मेरी बेटी और होली

रंग ख़ुशी का, प्यार का,
रंग ममता का, दुलार का,
रंग सारे ही मेरी बेटी में,
सुर-संगीत का, सुंदर-श्रृंगार का।

चमन के फूल, आसमाँ का हर तारा,
रंग बिखेरता इंद्रधनुष प्यारा,
सागर, नदी, बादल, पंछी,
मेरी बेटी पे फ़िदा है हर नज़ारा।

पर, क्या देखूं मैं इन सबको,
शुकर करूं मैं अपने रबको।
मेरी आत्मा ये दिलसे बोली है,
"मेरी बेटी अपने आप में ही पूरी होली है"
"मेरी बेटी अपने आप में ही पूरी होली है"

दूर कैसे जाओगे...

रहो कहीं भी इस जहां में, मुझसे दूर कैसे जाओगे,
मेरे प्यार, मेरी दुआओं में खुदको सदा सिमटा पाओगे।

तुम्हारी हर ख्वाहिश, वैसे तो वो ऊपरवाला पूरी करेगा,
फ़िर भी हर ज़रूरत में मुझे अपने साथ पाओगे।

मेरे आने की जब मिलेगी खबर तुम्हें, उछल पड़ोगे,
चंदन - उबटन से खुद को सजाओगे।

मेरे प्यार में कोई खोट नहीं मिलने की,
देखते हैं कितना तुम इसे आजमाओगे।

दो पल जाके जब भी कहीं से लौटूंगा,
हमसे, दौड़ के, प्यार से लिपट जाओगे।

तुम्हारे प्यार की ज़हनियत से वाकिफ़ हूँ, जानेमन,
जहां-जहां जाऊंगा, मेरे साथ-साथ आओगे।

मुझे भुलाने की कोशिश भी बेकार होगी,
दर-दीवार, दिल - जिगर मेरी तस्वीर कहाँ - कहाँ से हटाओगे।

ज़रूरी तो नहीं....

मैं तुम्हें चाहता हूँ, हकीकत है,
तुम भी चाहो मुझे, ज़रूरी तो नहीं।

तुम्हारी याद में जो रोते हैं हम,
तुम भी आँसू बहाओ, ज़रूरी तो नहीं।

हमने कुछ ख्वाब बुने थे साथ मिलकर,
उन ख्वाबों के सहारे तुम भी उम्र बिताओ, जरूरी तो नहीं।

मोहब्बत तो दोनों ने की थी,
मैं जताऊं 'गर, तुम भी बताओ, जरूरी तो नहीं।

बहुत शौक से छेड़े थे सुर संगीत के,
साथ में तुम भी गुनगुनाओ, जरूरी तो नहीं।

वैसे तो कशिश बहुत है मेरी तान में,
तुम भी खिंचे चले आओ, ज़रूरी तो नहीं।

तुम्हें अपने रंग में रंगने की है तो मेरी हसरत,
तुम भी मगर रंग जाओ, ज़रूरी तो नहीं।

ऐतबार तुम्हारा तोड़ा है मैंने कई बार,
तुम फिर ऐतबार कर के लौट आओ, ज़रूरी तो नहीं।

प्यार करने के सारे गुर सिखाए थे तुम्हींने,
प्यार की वही क्लास तुम फिर दोहराओ, जरूरी तो नहीं।

खड़े हैं बड़ी देर से तुम्हारे इंतज़ार में,
तुम इन्ही राहों में मुझे नज़र आ जाओ, ज़रूरी तो नहीं॥

...के बिटिया आने को है !

मेरी खुली बाहें, इंतज़ार में खाली पड़ी हैं,
के बिटिया आने को है!

चांदनी चाँद से अलग होके, रास्ता रोके खड़ी है,
के बिटिया आने को है!

सजीली कलियाँ अपनी महक बिखराए खड़ी हैं,
के बिटिया आने को है!

मोरनी रंगीन पंख खोले, नाचने को तैयार खड़ी है,
के बिटिया आने को है!

कोयल आँखे मटकाए, तान लगाने को तैयार खड़ी है,
के बिटिया आने को है!

पपीहे के पैरों में पाजेब देखो क्या खूब सजी है,
के बिटिया आने को है!

धुंधली पड़ी हुई मेरी मुस्कान, फिर खिल उठी है,
के बिटिया आने को है!

मेरे चेहरे पे अजब से नूर की आभा सजी है,
के बिटिया आने को है!

मैंने देखा कि मौसम बहार का पता पूछ रही है,
के बिटिया आने को है!

काले बादलो में से, ठंडी सी धूप छन रही है,
के बिटिया आने को है!

उधर आसमान ने इंद्रधनुष की रंगत ओढ़ रखी है,
के बिटिया आने को है!

थोड़ी चांदनी खिलेगी,
थोड़ी धूप निखरेगी,
कुछ कलियाँ खिलेंगी,
थोड़ी बगिया महकेगी,
थोडा मोरनी नाचेगी,
थोडा कोयल गाएगी,
मेरी आँखें चमक उठेंगी,
मेरी धड़कन ता थैया करेगी,
मेरी रूह खिलखिला के हंसेगी.

के बिटिया आने को है!!
मेरी प्यारी बिटिया आने को है!!

मेरे पास आप।

हर हस्ती, हसती हुई अच्छी लगती है,
खास कर आप!

आसमान के पास कितने सितारों की बारात है,
मेरे पास आप!

परियों से कहदो, कहीं जाके छुप जाएँ, कहाँ वो और कहाँ
मेरी सोनपरी आप !

भगवान की सारी बेटियां
वैसे तो हैं हीरे जैसी, पर, कोहिनूर हीरा आप।

किसीको ठंडी धूप, तो किसीको महकती चांदनी मुबारक,
मुझे बस आप!

ईश्वर की अनंत आशीर्वाद के रूप में हो,
मेरे पास आप।

सभी के जीवन में जादू, किस्मत में करिश्मा,
मेरे पास आप।

हमारी प्यारी बेटी

परियों का रूप है,
सुहानी सी धूप है,
बेटी
ठंडी हवा का झोंका है
हर ताप को जिसने सोखा है,
बेटी
भोर का उजेरा है,
चिड़ियों का बसेरा है,
बेटी
पंछियों की चह-चहात है
होंठो की मुस्कुराहट है,
बेटी
चाँद की चाँदनी है,
सूरज की रोशनी है,
बेटी
फूलों की बगिया है,
बहती हुई नदिया है,
बेटी
स्नेह है, प्यार है,
मीठा सा दुलार है,

बेटी
मधुर संगीत है,
ख़ुशियों का गीत है!
बेटी
सुंदर चेतना है,
हमारी प्यारी प्रेरणा है!

कमाल करते हो...

ख़ुद ही अपनी सुंदरता पे इठलाते हो,
अपनी मासूम अच्छाई पे इतराते हो।
कमाल करते हो।।

चाँद सूरज को देकर अपनी रौशनी उधार,
ज़िक्र भी नहीं करते हो,बस मुस्कुराते हो।
कमाल करते हो।।

इक मुस्कान से गुलशन महकाते हो,
अपनी हँसी से जहां खिलखिलाते हो।
कमाल करते हो।।

अपने प्यार से सारा जहां जीत कर,
अपने प्यारों के साथ जश्न मनाते हो।
कमाल करते हो।।

मेरे गुस्से, मेरी नाराज़गी पर भी मुस्कुराते हो,
मेरे बच्चे, मुझसे कितना सारा, मासूम प्यार करते हो।
कमाल करते हो।।

जहां रहते हो, जैसे रहते हो, खुश-खुशहाल रहते हो,
अपनी हँसी, अपनी मासूम शरारतों से माला-माल करते हो।
कमाल करते हो।।

हर दिल में बसते हो, हर एक दिल पर राज़ करते हो,
खुशियाँ बाँटते हो, खूबसूरत सी धमाल करते हो।
कमाल करते हो।।

हर हाल में, हर बात पे, कमाल करते हो।
क्या कमाल करते हो।।

तुझे कितना मैं प्यार करूँ....

तुझे लफ्ज़ों में छुपा लूँ,
शायरी में सजा के रखूँ,
गीत लिखूं तुझपे, मेरी प्यारी बेटी,
या के ग़ज़ल में तुझे ढालूं !

मेरी प्यारी परी,
तुझे कितना मैं प्यार करूँ....

खुशबू, रंग या चमक कहूं,
के संगीत का तुझे स्वर कहूं,
तुझसा प्यारा कहाँ कोई इस जहां में,
क्यूं न तुझे खूबसूरती का धनक कहूं।

मेरे बच्चु...
तुझे कितना मैं प्यार करूँ....

तूने जो हमारा जीवन सजाया संवारा है,
तेरी इक ख़ुशी के लिए सारा दुःख गवारा है,
तू 'गर सफलता का आसमां छू ले तो,
तुझे अपने कंधों पे, अपने सर पे बिठा लूं।

मेरी प्यारी जान...
तुझे कितना मैं प्यार करूँ....

तेरे हर सपने को सोने-चांदी में तोलूं,
तेरी हर राह को अमृत से धो लूं,
सारे जहां की खुशियाँ तेरे क़दमों में हों,
ऐसी प्रार्थना अपने कान्हा को बोलूं।

भगवान का अनुपम आनंद...
तुझे कितना मैं प्यार करूँ....
शान से, तुझे असीम, अनंत, मैं प्यार करूँ !!

फिर भी हम

खुद ही को खो दिया हमने - फिर भी क्या हासिल,
आपको तो ना पा सके – फिर भी हम

उजाड़ डाली दुनिया अपनी, अपने ही हाथो,
आपकी दुनिया को न सजा सके - फिर भी हम

कोशिशें लाख की हमने, भुलाने की, लेकिन
अपने दिल से आपको न भुला सके - फिर भी हम

होता जो प्यार आपका साथ, तो फिर भी आसान थी जिंदगी
अकेले हैं - और ये गम उठाते जा रहे हैं - फिर भी हम

मिट गईं हैं दिल की हसरतें सारीं,
जिंदा लाश से जी जा रहे हैं - फिर भी हम

हैं जहां के सितम और आपकी बेरुखियाँ
आपके और भी करीब आते जा रहे हैं - फिर भी हम

आपकी याद ही से बस मिलता है दिल को सुकून
आपकी याद ही से दिल को बहलाये जा रहे हैं हम।

रिश्ते हैं इस जहां में वैसे तो कई करोड,
इक आप ही के रिश्ते के सहारे जी रहे हैं - फिर भी हम

सुनता कहाँ है किसी गम की दास्ताँ, इस जहाँ में कोई,
बैठ कर आईने के सामने, सुना रहे हैं- फिर भी हम

है प्यार से महान कहाँ कुछ भी इस जहाँ में,
और प्यार ही के सिवा जिए जा रहे हैं - फिर भी हम

आपके बिना इक पल भी ना जीने की खाई तो थी कसम,
मजबूर हैं, नहीं आपका साथ और जी रहे हैं - फिर भी हम

है प्यार में तड़प के सिवा कहाँ किसी को कुछ भी हासिल
तड़पा के आपको, खुद को भी तड़पा रहे हैं - फिर भी हम

मेरी सदा को सदा ही अनुसुना कर दिया है आपने,
जिंदगी के हर मोड़ पर, आप ही को बुला रहे हैं - फिर भी हम

आपकी बस इक मुस्कुराहट पर है मेरी सौ ज़िंदगानियाँ फ़िदा,
मुस्कुराते रहिए, अपनी हर जिंदगी फ़िदा किए जा रहे हैं हम।

कभी-कभी तो ऐसा भी होता है प्रतीत, कि
हैं आप साथ - और तन्हा हैं - फिर भी हम

है खामोशियों में भी आपके कुछ अजीब सी बात,
कुछ नहीं कहते पर सुनते जा रहे हैं - फिर भी हम

है खुदा - वैसे तो - बस एक ही दाता,
आप ही से हर उम्मीद बंधे जा रहे हैं - फिर भी हम

ज़िंदगी

जिंदगी, एक झोंका हवा का,
कभी झूमता, इठलाता, लहराता।
कभी नफ़रत की आँधी लाए,
कभी प्यार की महक फेलाता।
कभी खुशियों के तूफ़ान लाए, तो
कभी गम की घटाओं से घिर जाता
जिंदगी, एक झोंका हवा का।

जिंदगी, एक उड़ता पंछी,
हरदम ऊंची उड़ान भरता,
नयी नयी मंजिलें सारा करता.
कभी पंख पसारे, आसमान छूता, तो
कभी थक कर ज़मीन पर लौट आता।
कभी-कभी तो ऐसा उड़ जाए,
कि फिर कभी लौट के ना आए।
नई दिशाएँ, नई मंजिलें और हरदम उड़ता
जिंदगी, एक उड़ता पंछी।

जिंदगी, एक रेल गाड़ी,
हरदम, हर पल, आगे दौड़ती जाए,
जाते मुसाफ़िरों को छोड़ती हुई,
आते मुसाफ़िरों को उठाती हुई,
कभी खुशियों के हरे सिग्नल देख, हवा से बातें करतीं,
कभी गमों के लाल सिग्नल से दब कर, रुक जाती सी.
हर किसी को अपनी मंजिल पर पहुंचाती.
जिंदगी, एक रेल गाड़ी.

जिंदगी, एक चिट्ठी डाक की,
कभी खुशियों की खबर सुनाती,
कभी गम के पैगाम पहुंचाती.,
कभी बंद लिफ़ाफ़े सी, समझ न आए, क्या लाए,
कभी खुली कार्ड सी, हर कोई पढ़ जाए।
कभी प्रेम-पत्र सी लंबी, कभी टेलीग्राम सी सिकुड़ जाए।
हर तरह के संदेश पहुंचाती देश विदेश,
जिंदगी, एक चिट्ठी डाक की।

जिंदगी, तेरे अनेक रंग - रूप,
कभी प्यार की शीतल छाया,
कभी नफ़रत की कड़कती धूप।
रोतों को हंसा दे, हंसतों हुओं को रुला दे
सोतों को जगाकर, जागते हुओं को सुला दे।

यूं तो तुझे समझने का भ्रम सभी को, मगर
जिंदगी तुझे किसने जाना है..
बस तेरा चोला पहने सभीने आना है
और तेरा प्यार ख़त्म होते ही
चले जाना है .... सदा के लिए चले जाना है।

नाच कठपुतली नाच,

नाच कठपुतली नाच,
अपने आका की ताल पे,
उँगली खींचे तो तैर आकाश में,
डोर छोड़े तो गिर जा पाताल में।
नाच कठपुतली नाच,
अपने आका की ताल पे.

कहे हंसने को तो हंस देना,
कहे रोने को, तो रोना.
कठपुतली के लिए, क्या पाना क्या खोना।
दिखा नाच, कर दे खुश आका को,
तुझे नहीं रोना अपने हाल पे ।

नाच कठपुतली नाच,
अपने आका की ताल पे.

कहे उठ तो उठ जाना
और सुलाए से सो जाना,
जब करे इशारा, तो बेवज़ह ही
हंस लेना, रो जाना.
करना है आका को सलाम
तुझे हर हाल में.

नाच कठपुतली नाच,
अपने आका की ताल पे.

प्यार जताए, प्यार जताना,
पास बुलाए, खिंचे चले जाना,
लेकिन जब छोड़ दे अकेला, तो
न शिकवा करना, न ताना.
क्या गम, क्या ख़ुशी,
रहना है मगन तुझे हर हाल में।

नाच कठपुतली नाच,
अपने आका की ताल पे.

तेरा आका ही तेरा रब,
नचाएगा, हंसाएगा या रुलाएगा,
क्या खुश होना, क्या रोना अब
इस तरह के सवाल पे.

नाच कठपुतली नाच,
अपने आका की ताल पे,
उँगली खींचे तो तैर आकाश में,
डोर छोड़े तो गिर जा पाताल में।

कभी ऐसा भी तो हो...

कभी ऐसा भी तो हो...
आँखे बंद हुए तक तुम्हारा नजारा हो,
और नींद आते ही ख्वाब तुम्हारा हो।

सुबह जो नींद से जगाए,
वो आवाज़ तुम्हारी हो,
वो हाथ तुम्हारा हो।

जब बादल बन
आसमां बरसे तो
सर पे आँचल तुम्हारा हो।

दर्द के अंधियारे से
बाहर लाने को,
तुम्हारे प्यार का उजियारा हो।

एक ही घर में रहेंगे एक ही साथ,
जो हमारा वो तुम्हारा,
जो तुम्हारा वो हमारा हो॥

उमर के इस पड़ाव में ऐसे जियो, यारो,
मुझे तुम्हारा और
तुम्हें मेरा सहारा हो!

मेरी भी सीमाएं है,

मेरी भी सीमाएं हैं,
मैं भी एक साधारण सा इंसान हूं....

नहीं... मैं आसमान से चांद तारे नहीं ला सकता,
तुझपे बादल बन नहीं छा सकता,
तेरी पसंद का गीत हर बार नहीं गा सकता,
जी, मेरी भी सीमाएं हैं।

करोड़ो की गाड़ी नहीं ला सकता,
हीरे-जवाहरात नहीं जमा सकता,
झूठी शान नहीं दिखा सकता।
जी....मेरी भी सीमाएं हैं।

पर हाँ...
बात अगर हो सच्चे प्यार की,
ढेर सारे दुलार की,
तुझे देने को इश्क के उपहार की...
तो दिल से मेरी तरफ देखो,
ये सब हर बार दे सकता हूँ,।
इसमें मेरी कोई सीमाएँ नहीं हैं,
ये सब बे-हिसाब दे सकता हूँ।

तेरी सूरत बनाई होगी !

कितनी चीज़ों की सुंदरता मिलाई होगी,
तब जाके उसने, तेरी सूरत बनाई होगी !

दिल से तो सभी को सजाता है, वो,
तुझे बनाने में अपनी रूह तक लगाईं होगी।

तेरी आँखों को देखके लगता है,
कितनी झीलों की गहरी सुखाईं होगी।

परियों की आँखें बंद हैं..
तेरी सूरत देख शरमाईं होगी।

चांदनी कुछ उदास सी लग रही है आज,
तेरे दर्शन कर के शायद आईं होगी।

कलियाँ कुछ बे-रंग सी हो रही हैं,
तू बाग की सैर कर के आईं होगी॥

मेरी रूह को मुस्कुराना आ गया

मेरी रूह को मुस्कुराना आ गया,
तुम क्या आए जिंदगी को गुनगुनाना आ गया।

इश्क़-ओ-मोहब्बत में होती है बे-इंतहा ताक़त,
सारे ज़माने से टकराना आ गया।

बीत रही थी यूँही नीरस, फीकी जिंदगी,
तुम मिले तो मौसम सुहाना आ गया।

बोल - समझ नहीं पाते थे दुनिया को,
प्यार में समझना समझाना आ गया।

तुम्हें खो के तन्हा थे हम,
तुम मिले, तो सारा जमाना पा गया।

जाओ जमाने से, ये एलान कर दो,
वो लौट कर मेरा दीवाना आ गया।

शेर

तुझे प्यार कर के मेरा पेट कभी भर नहीं सकता,
बच्चा....
मेरे जितना प्यार तुझे कोई कर नहीं सकता।

उन्हें है गिला कि मैं बोलता नहीं कुछ....
लगता है आँखों की भाषा से वाकिफ़ नहीं हैं वो।

बुरे भले का तुम जानो,
हम तो कल भी ऐसे ही थे,
आज भी ऐसे ही।

तुम चाँद सितारे,
तुम फूलों से भी प्यारे,
दूर हो तो क्या हुआ,
हम तुम्हारे, तुम हमारे।

उसने अपना प्यार मिला कर चाय पिलाना शुरू कर दिया,
मधुमेह में मेरी चाय की आदत को ऐसे आसां कर दिया !

घंटो तक उनका साथ रहना एक तरफ,
जाते-जाते वो पलट कर देखना एक तरफ !

मेरी प्यारी बिटिया,
एक तुम पर ही रचता-बसता,
मेरा सारा कवित्व है ...!!
मेरे लिखे हर शब्द में बस
तुम्हारा ही अस्तित्व है !!

बहुत अच्छा लगता है ये
बारिश का मौसम मुझे,
कि, रो भी लेता हूं और
किसी को पता भी नहीं चलता।

मेरी जिंदगी का यही सरमाया है,
कुछ ख्वाब, चंद ख्वाहिशें और बहुत सारी यादें।

जिंदगी, आ तुझे शिद्दत से गले लगा लूं,
ये हसीन गम सारे तुझ से ही तो पाए हैं।

साहिल पे बैठा वो चाँद कितना तन्हा होगा,
भोर हुई, वो बस कुछ पल का मेहमाँ होगा।

मुझे हराने के इतने तरीके क्यूँ ढूंढते रहते हो..
ज़रा सा प्यार देके,
मुझे जीत क्यूँ नहीं लेते!

तुझपे मर मिटने का क्यूँ सोचूं,
तेरे प्यार के भरोसे जी क्यूं न लूं!

जबसे चाय मीठी पीने की मनाई हुई है,
तेरी याद, तेरा इश्क, तेरी मोहब्बत घोलके पी रहा हूँ!

मेरे शेरों में मिठास का सबब पूछते हैं लोग मुझसे...
तेरा नाम बता दूं या सच्चाई छुपानी है!

तुमसे मिलने की इच्छा जब प्रबल हो जाती है,
आंखें मींच लेता हूं, और, तुमसे मुलाकात हो जाती है।

प्यार आता है 'गर तुझ पे बेशुमार
तो कौन सी बड़ी बात है,
खुदा की सबसे नायाब नेमत है तू ।

सुबह आने से पहले, तेरी यादों का हुजूम आ जाता है
गोया, तेरी यादों का ठेका ले रखा है मैंने !

आँखे मींच के तुम्हें महसूस कर लेते हैं,
मोहब्बत कुछ ऐसे मुकम्मल कर लेते हैं।

मुझे कोई अपना माने, उसकी तो कुछ मायने है,
वर्ना मेरा क्या है, मैं तो सभी को अपना मानता हूं।

ख्वाबों में मिलने का तुम्हारा वादा था,
और नींद ने आज ही ना आने की कसम खाई थी!

हीरे जवाहरात होते तो कहीं भी रख देता,
ये तो तुम्हारी यादें हैं, इन्हें कहीं भी कैसे रख दूं !

औरो की कमजोरियों का मैने हमेशा मज़ाक उड़ाया,
जब आइना देखा सब कुछ समझ आ गया।

ग़ैरों के हिजाब - नकाब उतारने वाले,
अंदर झाँक के भी देखा है कभी।

तेरे मोहब्बत के इत्र को शीशी में छुपा के कैसे रखूँ,
इसकी खुशबू तो मेरे जर्रे-जर्रे से आती है।

नज़रें अपनी सबसे छिपाए फिर रहा हूँ,
तेरी मोहब्बत साफ दिखाई देती है इन में।

आईने का क्या काम तेरे घर में,
मेरी आँखों में खुदको देख लिया करो।

तुझसे गले मिलते ही जो तेरी खुशबू मुझमें समाई,
गुलशन के सारे फूलों में हो गई लड़ाई,
वो सोचते ही रह गए, और कहते ही रह गए आपस में,
ये जन्नत की खुशबू धरती पर कहां से आई।

उसने कहा शक्कर डालना भूल गई....
तो फ़िर चाय में ये मिठास किसकी आ गई !?

औरों की कमजोरियों का मैने हमेशा मज़ाक उड़ाया,
जब आइना देखा सब कुछ समझ आ गया।

दोस्ती बहुत सुकून वाला रिश्ता होता है,
बस शर्त है कि दोस्त तुमसा होना चाहिए।

बेटियां कैसी होनी चाहिए.... किसीने पूछा
संत मनु ने उत्तर दिया....
बस, बेटियां होनी चाहिए, वही काफ़ी है।

है अच्छी चीज़ों का हुज़ूम,
मेरे भाई,
है सुनहरी यादों का मेला,
पर इंसान फिर भी अकेला।

अब तो खुद से मिलने की इच्छा होने लगी है....
कितना सुना है अपने बारे में !

और किसी की राय से क्या निस्बत,
ख़ुद की नज़रों में अच्छे बने रहना ही काफ़ी है।

तेरी याद, तेरा तसव्वुर ही लिखवाता है एक-एक लफ्ज,
और लोग कहते हैं कितना अच्छा लिखता हूँ मैं!

तेरी आँखों की भाषा समझ लेता हूँ,
तेरे दिल की ख़ुशी भांप लेता हूँ।
तू लाख कोशिश कर ले, जानेमन,
तेरे प्यार को पहचान लेता हूं।।

क्या क्या ना मिला तुम्हारे प्यार में,
बस एक तुम मिल जाते तो क्या बात होती !

तुमसे मिलना भी गोया खुशनसीबी है,
वरना ऐसा तो कोई
खैर-ए-अमल हमने नहीं किया !

हर इंसान हमको अच्छा माने, ऐसा थोड़े होता है,
बुरा ना लगाओ 'गर किसीको हम बुरे लगें !

'गर सभी बातें खुद ही सुलझाने लगे,
तो बंदा खुद, खुदा हो जायेगा !

तुझसे दूर कब हुआ हूँ मैं,
तुझसे ही तो मेरी हैसियत है।

तब से लेके अब तक,
इतने शब्द लिखे तेरे लिए,
पर बच्चे, एक भी शब्द, तुमसा प्यारा ना लिख पाया।

फ़िर कभी जब भी मुस्कुराओ बे-वजह,
सोच लेना मैंने याद किया है !

तेरी याद का इतना असर होता है,
मुस्कुराता रहता हूँ बे-वजह !

अब तो दरवाजे पर बस तेरी याद ही दस्तक देती है,
कभी तुम खुद भी मिलने आते थे, याद है !

वो जिसे इंतज़ार का मतलब भी पता नहीं,
उसीके इंतज़ार में सारी जिंदगी बिता दी।

जो कुछ भी चाहिए, ऊपरवाले खुदा से ही मांग लेते हैं,
ज़मीन के सारे ख़ुदा तो बस सौदा करते हैं।

नींद आने को तैयार खड़ी है,
आँखों में तुम जगह दो, तो नींद आए।

खुदा खुद तुम्हारे इश्क में लिप्त है,
मैं तुम्हें मांगने किसके पास जाऊँ।

तुम्हें छूकर जो हवाएँ मेरे पास आती हैं,
बड़ा मदहोश कर जाती हैं।

उसने मीठी सी शिकायत कर दी ,
मुझको तुम याद ही नहीं करते,
अब कौन उसे समझाए, कि उसको हम भूले ही कब थे,
जो याद करने की नौबत आए।

मुझे खुश रहने की दुआ देकर छोड़ जाने वाले,
तुम बिन जिंदा रह सकूं , इसका भी तो तरीका बताते जाते।

रोशनी ना जाने किस से हो रही थी,
रात भर, चिराग भी जलता रहा, दिल भी।

तुझसे कितना प्यार है, पता नहीं,
बस कोई चीज़ अच्छी नहीं लगती, तेरे बिना।

जब तक ये सोचूं कि उसको कैसे अपना बनाऊं,
तब तक तो मेरा दिल उसका हो गया।

वो बुला रहे हैं, मुझे,
जाऊँ तो ज़माने की रुसवाई है,
ना जाऊँ तो प्यार की!

बस, सिर्फ तुझको देख लेना,
इस से आसान तरीका, खुश होने का, और क्या होगा !

दुनिया सारी घूम के आने के बाद,
ठिकाना तुम्हारा मेरा दिल ही तो है।

चुप होके दूर हो जाऊँ,
हालात का यही तकादा है,
पर क्या करूँ, ये मेरी फ़ितरत नहीं है।

हज़ार बागों की महक मेरे दिल में बस गई,
एक बस तेरी सोच ने क्या तोहफा दिया!

मत पूछ मेरे दिल की जहनियत,
तुझसे दूर जाने की सोच से ही सहम जाता है।

फूल, तारे, दिल, खुशबू, रोशनी, प्यार,
दुनिया की अच्छाइयाँ सारी, तेरी नज़र करता हूँ।

बरसों से तुम्हें अपने लफ्जों में ढाला है,
क्या पता था तुम मेरे लहज़ों में भी बस जाओगे।

अब किसी भी दुआ की मुझे क्या ग़रज़,...
तेरे प्यार का सुरक्षा कवच सदा साथ रहता है।

कभी एक शब्द भी बिखेर देता है इंसान को,
हर बार कोई पत्थर ही ज़िम्मेदार नहीं होता।

अब उन्हें कैसे रोकें, जिनका जाना तय है,
उनका जाना तय है, मेरा मिटना तय है।

मेरी मौत पर मेरी सूरत देखने के तलबगार वो भी थे,
जिन्हे मेरी सूरत से भी नफ़रत थी।

तुम खूबसूरत, तुम्हारी हंसी खूबसूरत,
आँखें, रंगत, बातें खूबसूरत।
तुमसे तो प्यार होना ही था!

ज़माने को ख़राब बता देना,
कितना आसान है।
यहां खुद को कौन बदलना चाहता है।

कितना प्यारा नाम है, मेरे प्यार का,
फिर भी, कोई अंजान अगर ले ले तो बहुत खलता है!

जब जब तुझसे बात होती है,
जैसे जिंदगी से मुलाक़ात होती है।

तेरी खुशबू तेरे एहसास में भी उतर आई है,
तुम्हें सोचते ही मैं महक उठता हूँ।

तेरे मौन का शोर बहुत है,
अभी ग़मों का दौर बहुत है।
जिंदगी तो जीनी है, जी ही रहा हूं,
दिल में पर दुख और बहुत हैं।

अभी साफ नीला, तो
अभी चमकती धूप सा सुनहरा,
कभी बादलों सा स्याह लगता है।
ऐ दुनिया, अब तुझसे क्या गिला...
ये आसमान भी क्या क्या रंग बदलता है।

अब तो आ जाओ कि,
बुझने लगी है शम-ए-ज़िंदगी भी
चिराग-ए-इंतजार के साथ।

जिंदगी और मौत की सुइयां कितनी करीब हैं
फ़िर भी मिल नहीं सकतीं,
इक फ़ासला-ए-इंतज़ार जो है दरमियाँ।

सोज़-ए-दिल कुछ इतना बढ़ा,
कि अब दर्द, दर्द नहीं लगता।

मेरा प्यार देख कर ही हर कोई मुरीद हो जाता है....
और कुछ करने की मुझे ज़रूरत ही नहीं!

चिराग-ए-मोहब्बत ने
जलाकर मेरा आशियाना,
निभाया है, अपना दस्तूर पुराना।

न जलाना शमा, खुदारा....
अयां न हो जाएं, मेरे आंसू दुनिया पर।

मरने जाता हूं, तो रोक लेता है प्यार किसीका,
अच्छा है ये बहाना, जीने के लिए।

पहली मोहब्बत को खास-ओ-अच्छा बतानेवालो,
ये तो बताओ,
अगर सच्ची होती वो पहली मोहब्बत, तो दूसरी
क्यूँ कर होती।

सिर्फ रात के आने से मैं क्यूं घबराऊं,
रात के साथ, वो हसीन चांद भी तो मेरा है!

लोगों की वाह वाही से मुझे क्या निस्बत,
बस तुम्हें पसंद आ गया तो मेरा शे'र कामयाब है॥

तुम्हें देखते भला कैसे थकूंगा मैं,
तुम्हें आँखों से नहीं, आत्मा से निहारता हूँ।

Poems

The Tiranga

When I salute The Tiranga,
I salute Greatness !

The integrity. The Diversity.

The colors of joy,
The Music we enjoy.

The Friendship we treasure,
The Love we share with pleasure.

The Villages, The Cities, The Towns,
The Ups we have achieved and a few downs.

The huge happiness, A little sorrow,
The fact that we Give, never borrow.

The beautiful countryside,
The bustling urban delight.

The wonderful people, their diverse culture,
The dressing, The outlook of every hue, every colour.

The peace, The prosperity The pious purity,
The country's all encompassing serenity.

It is that one more day,
To be happy & proudly say,
I Love my India !
I Love my India !!

Krishna take care...

Krishna take care...

Thou art the piousest, thou art the bestest,
thou have been generous with your grace,
thou art the kindest.
Thank you My Dear Friend.. but

Krishna take care.

The life is dull & difficult, the life is snappy,
with some sad shades,
life is bright & happy.
May this mix of light and shade continue
with less of sadness and being more happy.

Krishna take care.

You have been the saviour all along,
Ahead too, only to you can we belong.
You will care, you will nurture,
Under Your wings will we go higher and further.

Krishna take care.

Krishna, please take care so that we may fly,
achieve, prosper, serve and sing your glory.
Let that be our lives' aim,
let that be the moral and life story.

Krishna take care.
Krishna take care !!

You are beautiful

You are beautiful.....
Not because you look beautiful,
You are beautiful because,
Your heart feels the pain of others,
You are beautiful because
You think for others,
You are beautiful because
No one gets disturbed because of you,
You are beautiful because
You smile more.
You are beautiful because
You are happy to help
You are beautiful because
Your thinking is beautiful !
You are beautiful because
Your soul is serene.

I Love You

A simple, plain phrase it was
"I Love You",
and then I heard this in your voice -
innocent and true.
Believe you me...
the phrase which was ordinary,
suddenly became special,
extraordinary !

It gained more weight,
more meaning, more value,
My Darling Daughter,
Truly blessed to have YOU !
I Love You !!

My Bachchas

I was told to describe and define,
my relationship with the
Adorable, Beautiful "Bachchas" of mine.

All I can say and vouch is
My "Bachchas" are all my Valiant Valentine,
My Scintillating, Serene Sunshine.
Absolutely blessed to have them,
My relation with each of them
is so perfectly Pure, so dazzlingly Divine.

Monsoons

A sweltering, windless day
Making itself increasingly felt
Nature squirming, uneasy,
Conditions in a state of flux;
While with marked indifference,
Life continues on its usual grind.

Clouds getting darker,
Light fading progressively,
Thunder reverberating in the distance
And eyebrows
Pop – up towards the dark, darkening sky,
Gusty winds – the unmistakable prelude
To the oncoming outburst.

The passers – by,
Voluntarily and involuntarily
Quicken their pace,
Scrambling for the nearest shelter,
And in no time,
All available shelter is occupied,
Everyone discussing
The arrival of monsoon,
Total absence of Umbrellas
And yet,

No bare head visible,
All protecting themselves
With anything in hand,
And the surrounding –
News papers, bags, books and what not.

And in this Thunder shower
SHE ---
The beat of my heart,
With her disarming beauty,
Emerges, as graceful as ever,
Gliding in through the shower –
As though – Rain itself
Escorting her
From Rain – drops
Which just might affect –
The angel – her beauty.

Vacations

The Tiring period of studies is over
And again, it's summer vacation,
All students and parents are set to go over
To some cool hill – station.

Children Jumping – for enjoyment,
Parents smiling – for relaxation,
Everyone is thrilled,
And rightly so –
Just the idea of 'going'
Is thrilling.

I too want to relax,
I too want to go,
Like everyone else,
Or is it?
Anyway, I too want to go
To that place, far be it may,
But it is real relaxing they say,
To the highest hill – Station –
So very old,
Still so new –
Where the relaxation is ultimate,
Happiness – boundless.

The place so near
Still, so very far
From the "Life" – So miserable
So worthless,
Without having to wait
For yet another year.

I want to go this hour,
This minute,
Someone is awaiting –
My arrival – Up there,
My departure – down here,
Eagerly.

Go fly. Rule the sky!

The Wings are yours
and so is the sky.
Go fly. Rule the sky !

You are A Pro...
rise and soar high.
Go fly. Rule the sky !

To all who pull you down,
Say Good Bye.
Go fly. Rule the sky !

You are made for soaring heights of success,
don't shy.
Go fly. Rule the sky !

Weather does not matter,
wet or dry.
Go fly. Rule the sky !

I have faith, world's beliefs,
you will defy.
Go fly. Rule the sky.

You may fail,
give one more try.
Go fly. Rule the sky !

Far From You...

On being far away from you,
Even a thought of it –
A sad melancholy,
An unthinkable thought
Still this life –
So wicked, So cruel
Necessitating it,
And here I am – so far .....
So far away from you –
YOU – my life, my love, my everything.
Down here,
Each moment dragging by
As an unbearable century gone,
And so many such centuries have passed
Since I last had
A glimpse of you –
Your face – so bright, so inspiring;
With eyes – so sadly sweet;
Those cheek – so delicately delicate;
The lips – like semi – open buds
Ever smiling so sweetly,
You are indeed beauty personified,
And that was the only thing
Which held me away
From death
Which was otherwise
Just a step further.

If You Don't Know...

If you don't know – how much I like you,
If you don't know – how much I love you,

If you don't know – how much I care for you,
If you don't know – how much I need you –
Come see into my eyes,
Once, twice, thrice,
Pierce my heart
And you will find that
It's always only you.

If you don't know – how much I like you,
If you don't know – how much I love you,

If you don't know - how much I miss you,
If you don't know – how much I crave for you,
Come, see me sitting
Alone in the dark,
And walking alone
Down the lonely path
Dreaming of only you.

If you don't know – how much I like you,
If you don't know – how much I love you,

Untouched by Time

As the time slides – off,
In hours, minutes, seconds,
This life tends
To go nearer to its destined end,
And someone's love,
On so many paths of life,
So many bends –
Ends

Unlike this,
Our love remains –
Untouched, uniquely chaste,
And in this mortal world –
Full of uncertainties,
Only our love remains
Pure, certain and immortal.
Although we have not met,
Our hearts have –
Our souls have,
And it is there – where
Our love is different –
That is where
The uniqueness lies.

My Love is Sad...

The flowers,
When should be bright, abloom
Why is there so much desolation,
So much gloom?
The moon resembling a
Dead man's tomb,
A prelude to the oncoming doom?

Sunlight devoid of brightness and warmth,
Filtering through clouds of despair,
The spirit is prompted to dare
This frustrating atmosphere,
This depressing air,
The sky not visible to the persisting stare.

In a mantle of helplessness clad,
My heart aches –
My love is sad.

God's Greatest Creation...

I am missing Love,
I am missing shine,
I am missing life – True,
There is a void in my life
Made by you.

Be it a night,
Be it a day –
You were my best luck always
And it was unique –
The inspiration I used to draw
From you – your company,
Your presence in my life.

You were my best luck always
You still are,
And you will always remain so –
My Best Luck, My only inspiration.
Indeed, you are – God's greatest creation.

Ever and Forever

The love I received from you,
The tales I heard of you,
Put me in two minds
And,
To love you or not to,
Was the question
And yet.
It was not.

You have always been
In my every deed,
In my every thought
And will ever continue to do so.

I have always loved you,
More than anything else
Above each and everything,
And will always love you – ever – forever.
You are – of curse –
The loveliest of all,
The sweetest of all,
Indeed – the greatest of God's all creations;
It is all unquestionable,
It is beyond doubt,
One doesn't need any confirmations
And none are sought.

Unspoken Until Now

There has always been something
I wanted to tell you,
It always has been on my lips
But has never come through.
I have always wanted to say
But –
Have always gone numb
When you are near,
The tongue tied down,
Lips trembling of fear,
While my heart whispers
Quiet and clear,
And hence it remains
Always unsaid, my dear.

But now –
With you not bodily present
Do I dare
To utter – to say
And to put it down in Blue......
"I Love You".

Prayer -

O Almighty !
Bless thy child with all thy love,
Thou art the Light of her Life.
Show her the right path, always,
Be within her, all through
To save her from ill-deeds,
Be with her – forever
To help her get all her needs.
Make her the Happiest person ever
Make all her dreams and wishes come true.
Greif, illness, sadness may come to her – NEVER,
Just happy, smiling and glad all through.

Thou art so kind, My Lord,
Thou art so Loving –
Shower al thy blessings
On this loving child
On this very special day
May her heart be lightened
By the joy of the day
And the fullness of the love.

God Bless you.
Now and always.

A Grateful Heart Speaks...

For all the beautiful moments spent with you
For all the nice things received from you,
For all the joy and love I got from you.
I Thank you very much, my heart goes out to you.

For all my misdeeds, done to you
For all the harshness and unfairness meted out thee,
For all the sadness I may have given to you,
I am extremely sorry, please excuse me,

For all the happiness spread by you in my life,
For all the love showered on me,
For being such an understanding and sweet wife,
I am thankful to thee.

सिंधी कविताएँ

सिंधी जीयन

सिंधी जीयन, सदाईं खुश रहन,
हिंद - सिंध, जाते हुजन,
सिंधी जीयन, सदाईं खुश रहन।

हिनन जे मन में मोहब्बत जा चमन,
इन्सानियत खे जेके मथे ते चाडे घुमन,
अहिडा प्यारा सिंधी, सदाईं खुश रहन।

सूँह हिनन जी दान धरमन में आ,
ख़ुशी हिनन जी सुथन करमन में आ,
अहिडा न्यारा सिंधी, सदाईं खुश रहन।

दिल मारे , गोडहा गारे, पहिंजो देश छडे आया,
ज़र, ज़मीन, ज़ेवर ऐं पहिंजो वेश छडे आया,
अहिडा सधोरा सिंधी, सदाईं खुश रहन।

बाबा सदाई चवंदा हुआ, असांजी खुशिन जो इहो ही राज़ आ,
सिंधी बोली, सिंधी जात ऐं सिंधियत ते असांखे नाज़ आ ,
अहिडा सुहिणा सिंधी, सदाईं खुश रहन।

हीनन जे लाय, दुनीया जो सुख, चैन, आराम ही अहम आ,
हीनन खे ब्यन जी ख़ुशी में ख़ुशी, ऐं गम में गम आ,
अहिडा दुलारा सिंधी, सदाईं खुश रहन।

सिंधी जीयन, सदाईं खुश रहन,
हिंद सिंध, जाते हुजन,
सिंधी जीयन, सदाईं खुश रहन॥

सुहिंणा सिंधी

असांजे सुहिणन सिंधिन जो मान - शान दिसो,
हर मुश्किल कियाँ कंठा आसान डिसो ।

डिसो, ही असांजा हिंदुजा भाउर आहिन,
हिनन जा दुनिया सजीय में कारोबार आहिन.

ही हीरानंदानी परिवार आ,
जेण तो सिंधिन जे गले जो हार आ.

सिंधी: सिप्पी, रहेजा, अडवाणी जहिड़ा जाते हुजन
सिक, सेवा, प्यार जा दानी ताते हुजन ।

मास्टर चंदर खे केर विसारे, भले अज असांखा दूर आ,
पर सिंधी कोमजो हीरो, जेण त कोहिनूर आ।

राम पंजवानी ऐं भगवंती नावानी जा गीत ऐं कलाम बुधो
जेण तो दिल वतां आयल, सिंधियत जे प्रेम - प्यार जा सलाम बुधो।

सिंधिन खे मान ऐं शान सा जियण अचे थो,
गैरन जे दुखन ऐं तक्लीफुन खे सिबण अचे थो।

सिंधी जाते रहंदा ताते ही खुशियूं जो संसार वसाईंदा
सुम्यल हूंदी जेके दिलिन में, ऊहा सिक ऐं प्यार जागाइंदा।

सिंधिन ज्यूँ ठिथोलियुं, तिनजा लाडा, नाच - गाना,
जण्यां ऐं शादीं खे खुश बणाइण जा बहाना।

हे, हे ऐं हू, कयां हाणे कहिंजी कहिंजी गाल मां,
हिक हिक सुहिणो सिंधी पहिंजी जगह ते लाजवाब आ, कमाल आ।